# 1

2

3

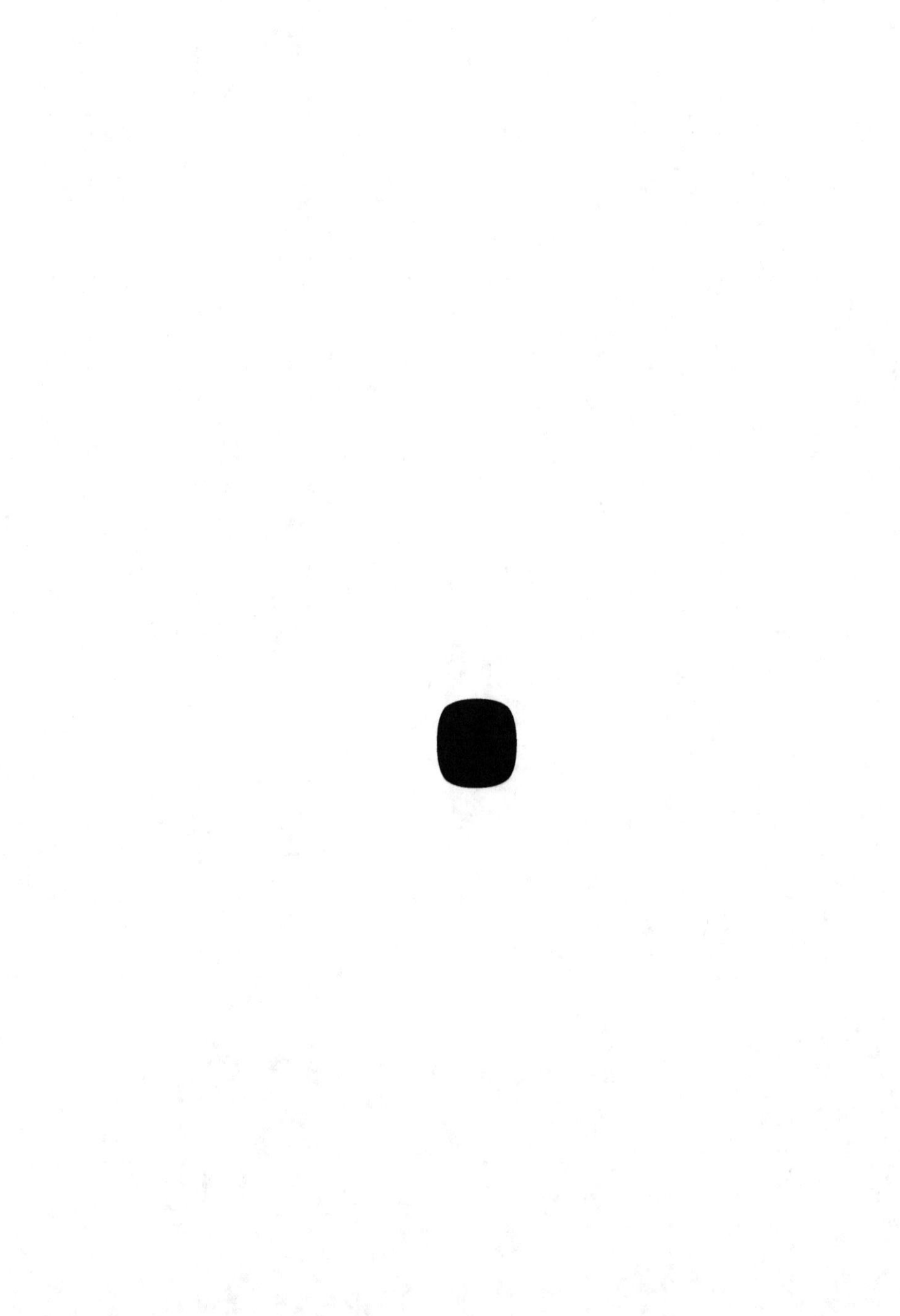

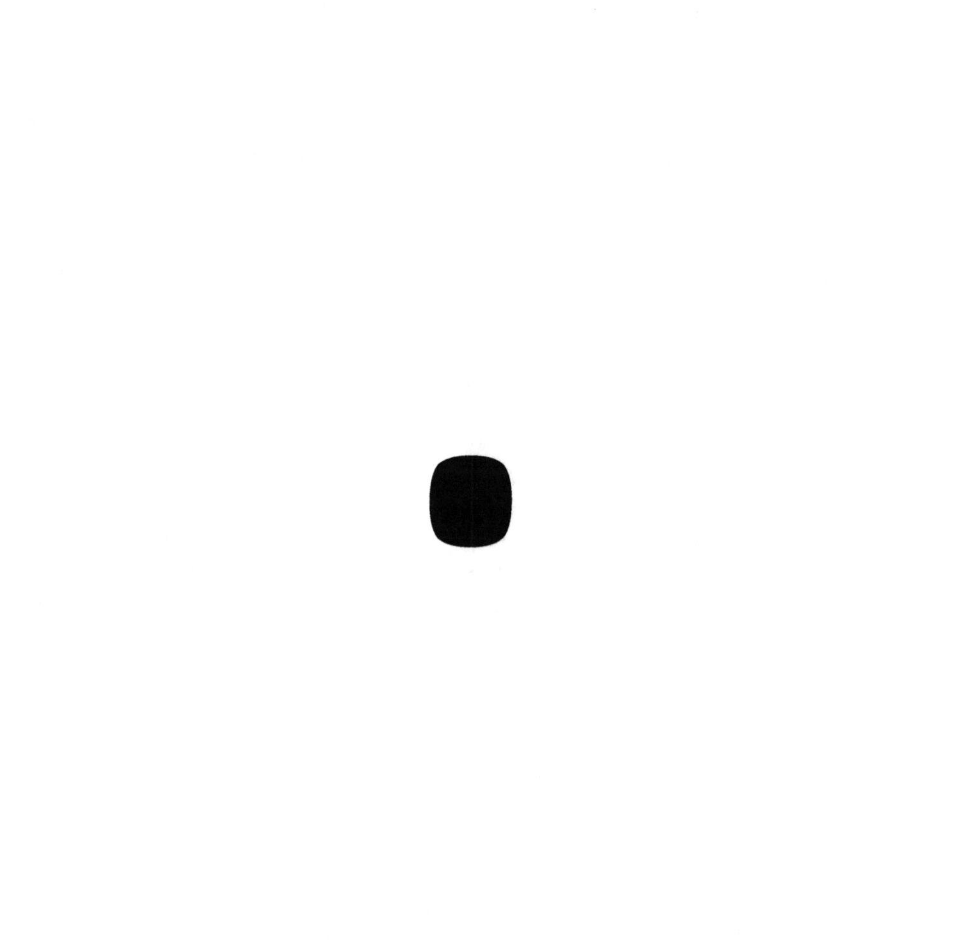

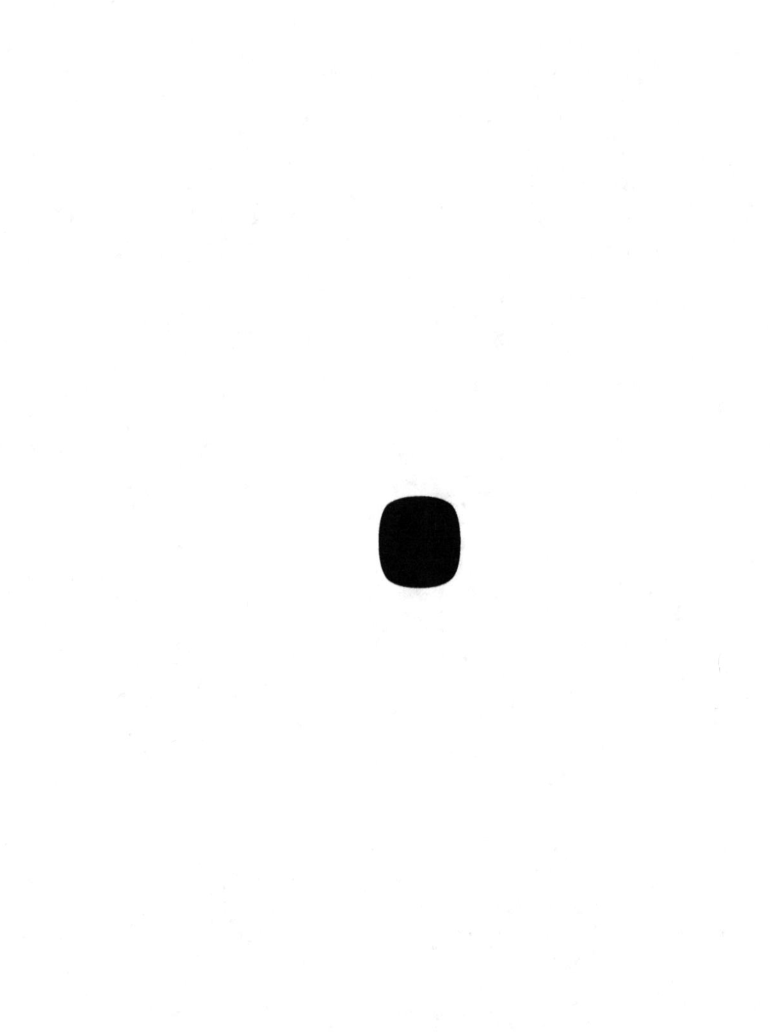

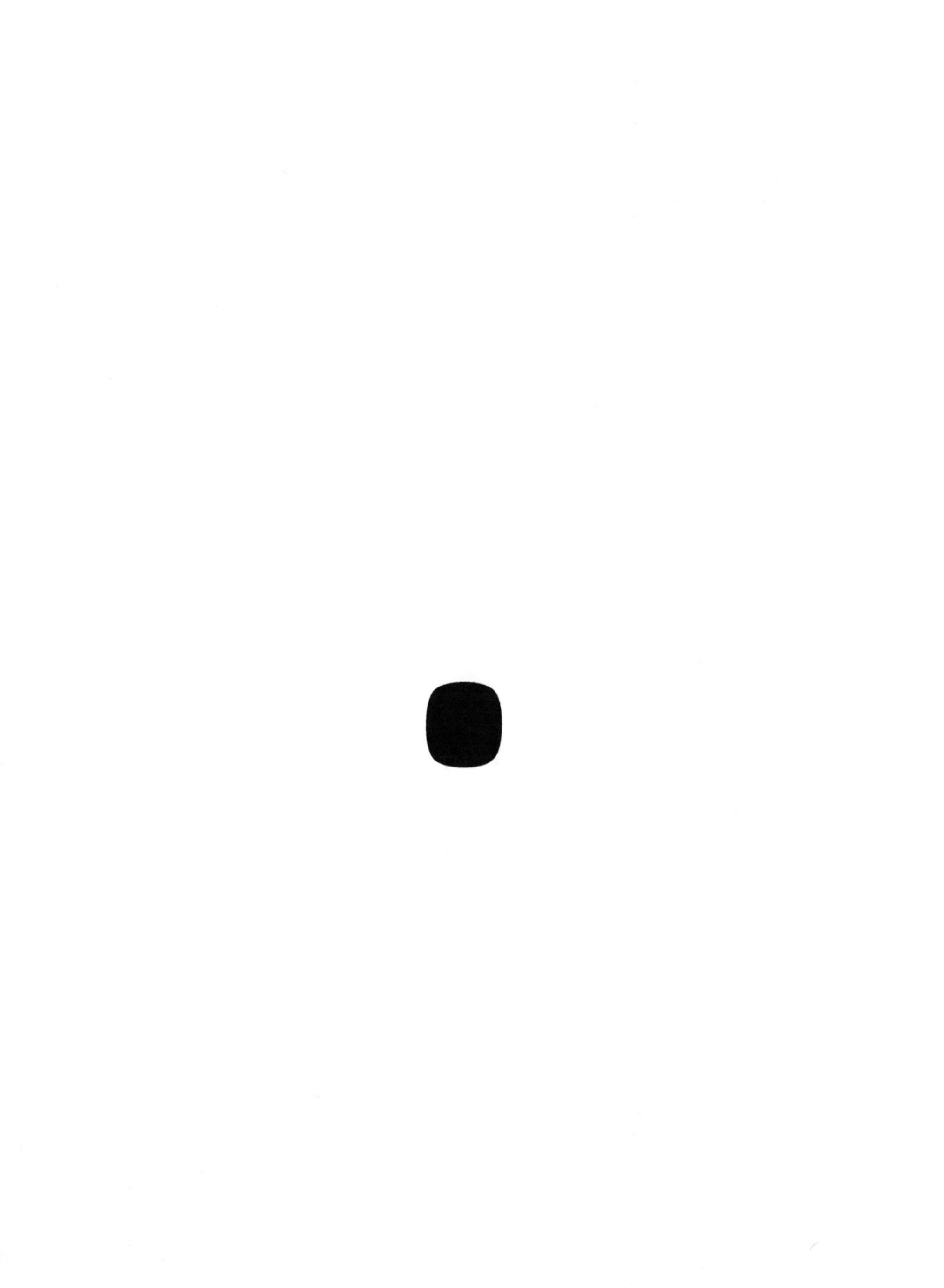

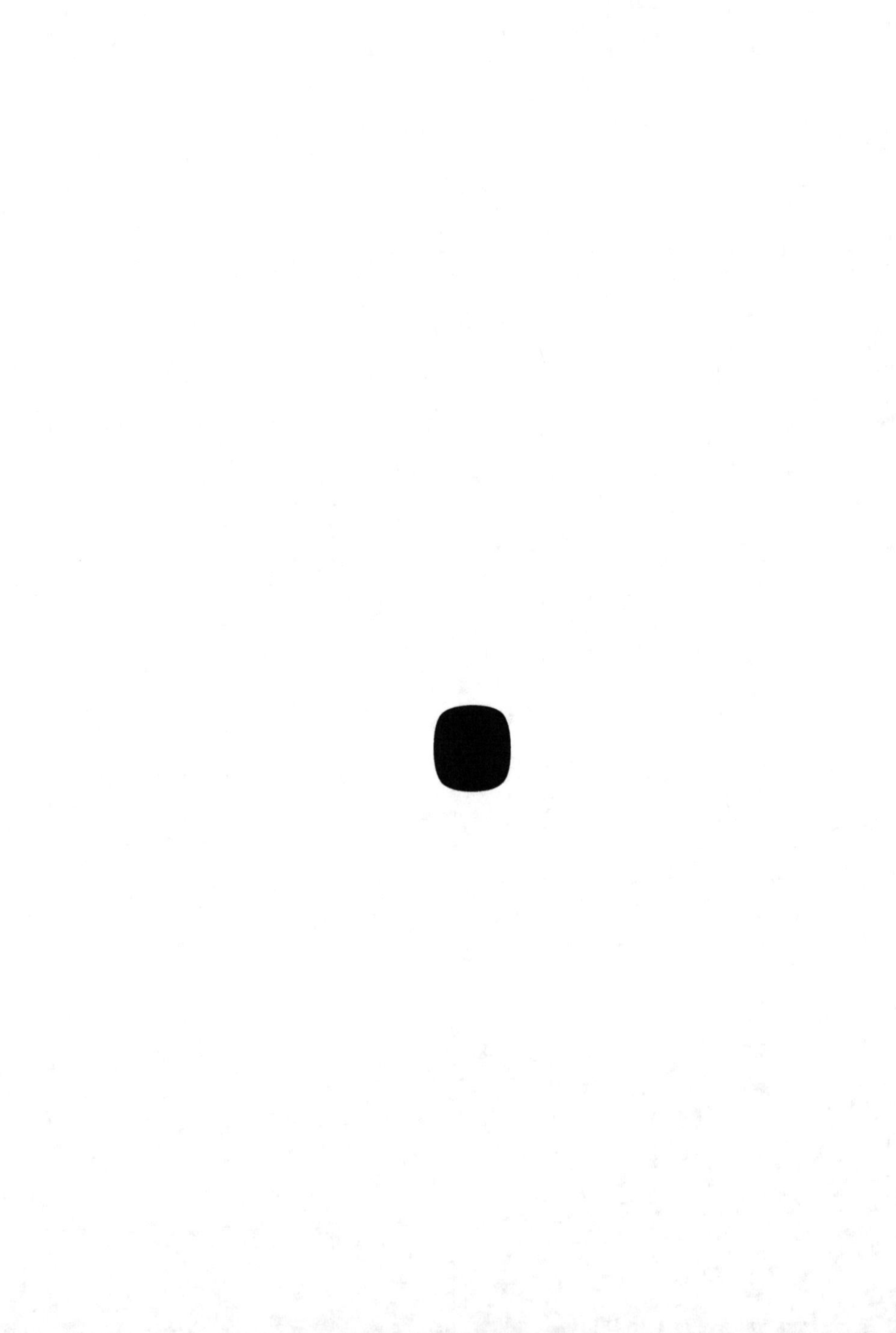

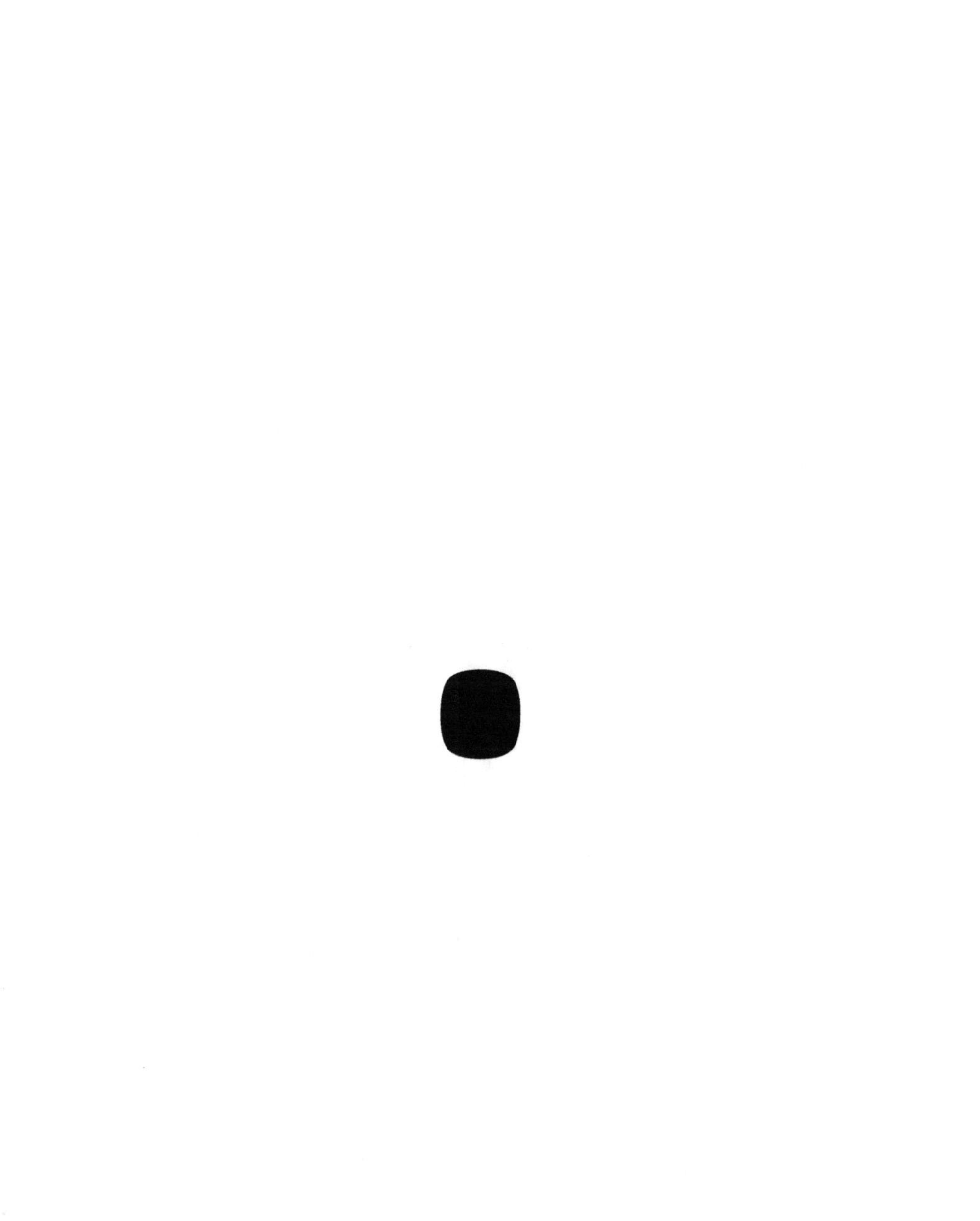

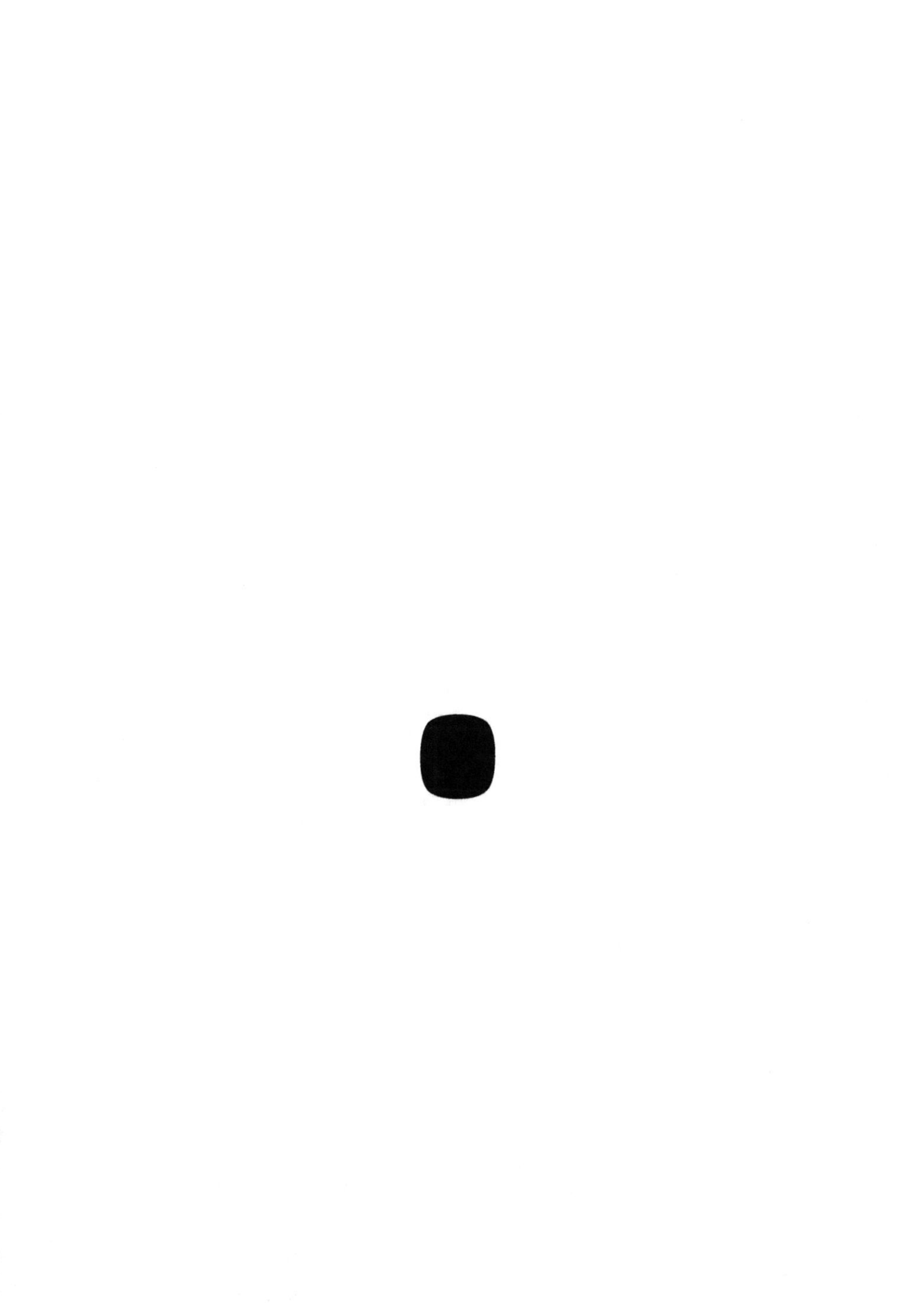

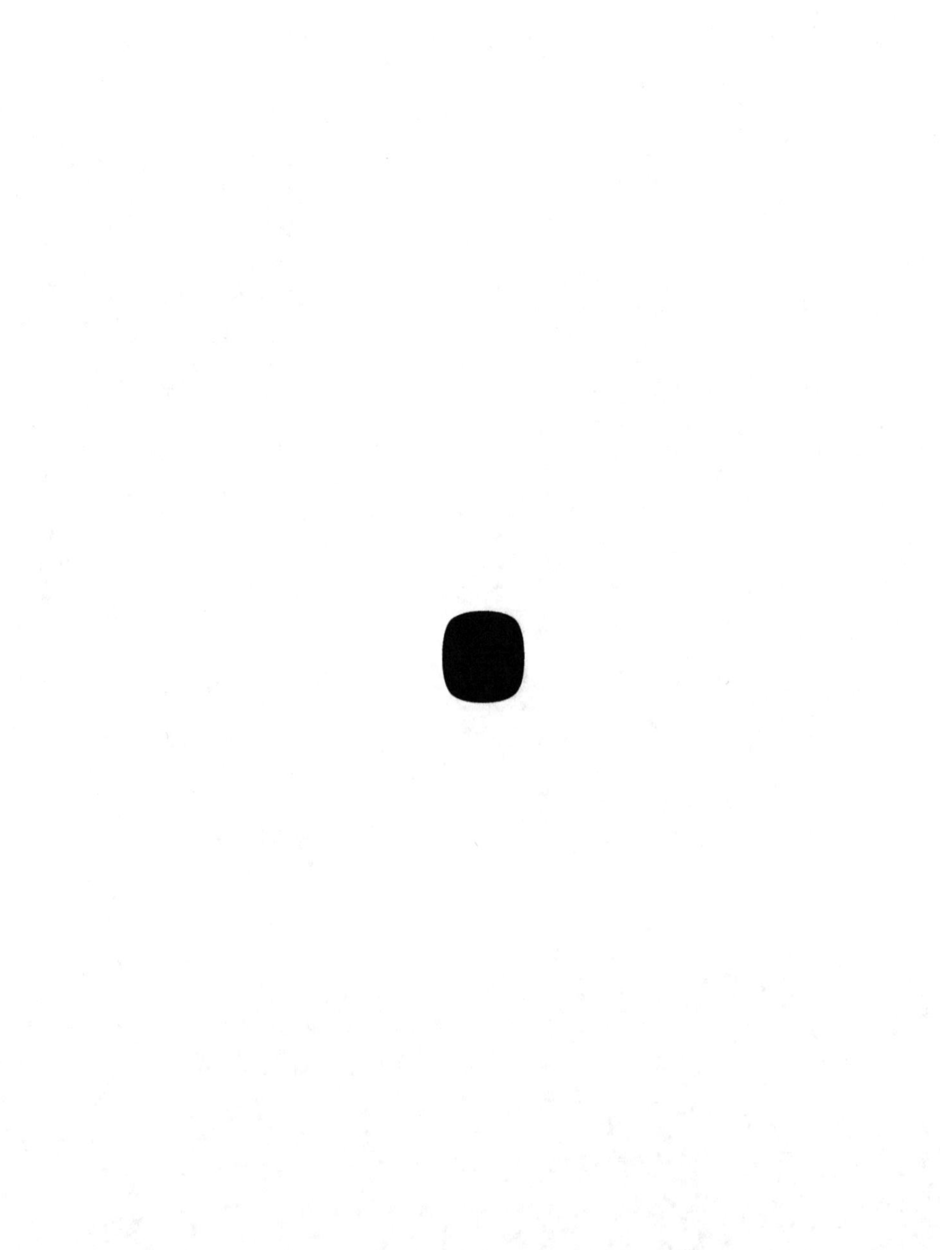

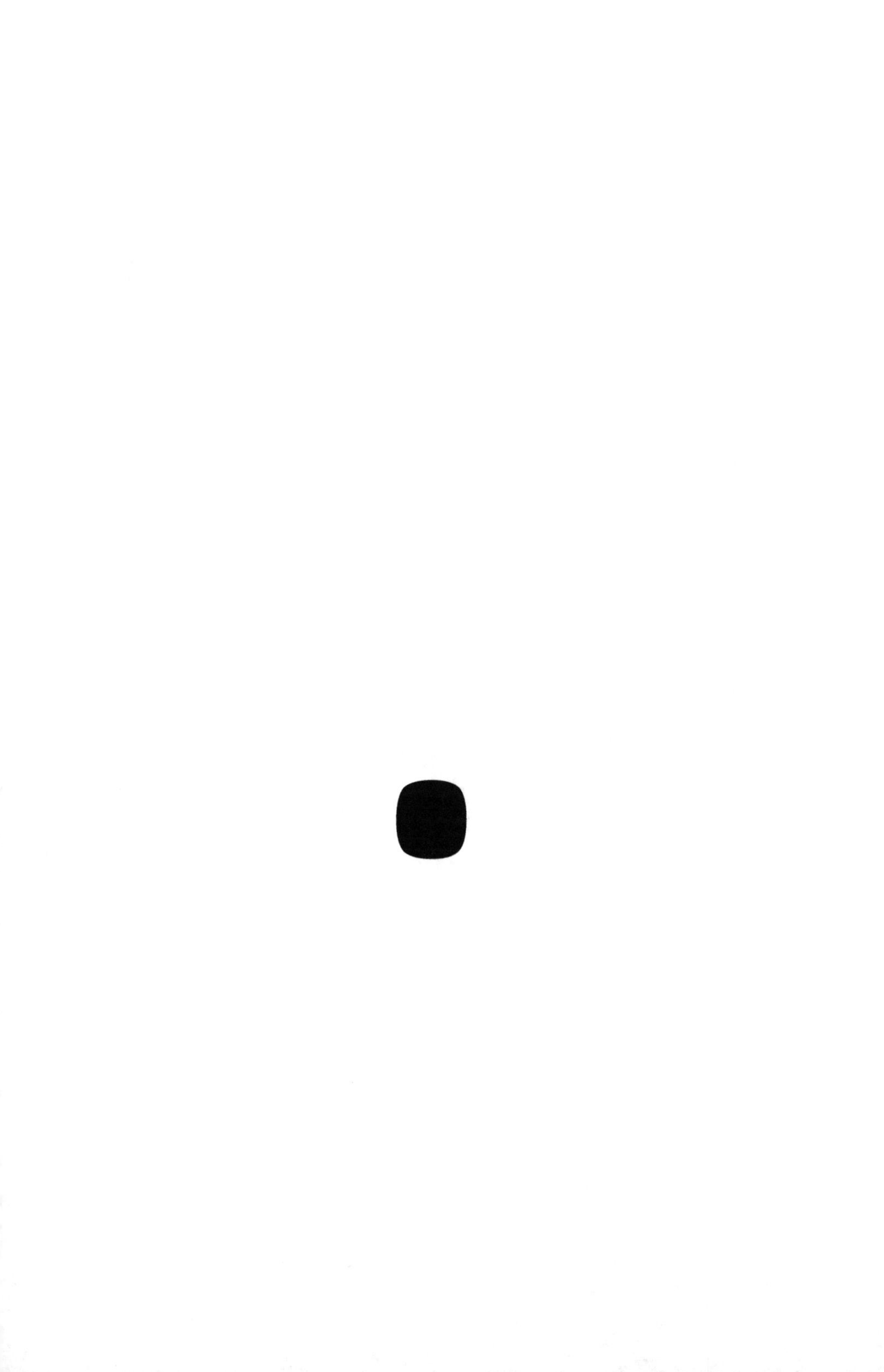